Einsterns Schwester

3

Arbeitsheft

Herausgegeben von
Roland Bauer, Jutta Maurach

Erarbeitet von
Katrin Baudendistel, Daniela Dreier-Kuzuhara,
Wiebke Gerstenmaier, Sonja Grimm,
Annette Schumpp, Jutta Sorg

In Zusammenarbeit mit
der Redaktion Grundschule Deutsch 2–4

Cornelsen

Inhaltsverzeichnis

Lernportion 1

Lernportion 2

Lernportion 3

Lernportion 4

So kannst du mit den Heften arbeiten

Du machst alle
Seiten der Lernportion 1.

Zuerst im grünen Heft.

Dann im roten Heft.

Dann im gelben Heft.

Und dann im blauen Heft.

Danach machst du in
allen Heften die Lernportion 2.

Nun machst du in
allen Heften die Lernportion 3.

Genauso bearbeitest du
alle anderen Lernportionen.

Zu jeder Lernportion kannst du im Arbeitsheft arbeiten.

10 Dieser Hinweis zeigt dir,
welches die passende Seite
im Themenheft ist.

1 Ordne die Nomen den passenden Fotos zu.

Freude ~~Wut~~ Müdigkeit Ekel Angst Trauer

Wut

2 Gestalte einen Smiley, der dein jetziges Gefühl am besten ausdrückt. Schreibe das passende Nomen für dein Gefühl dazu.

1. Finde die passenden Pronomen und setze sie ein.

wir	er	es	~~sie~~	es

Tim und Lisa gehen nach der Schule auf den Rummelplatz.

Sie ______ kaufen sich ein Eis. ______ schmeckt richtig gut.

Koki steht am Riesenrad. Dort will ______ unbedingt eine Runde mitfahren. Tim und Lisa gehen lieber zur Achterbahn.

Sie rufen: „Hier haben ______ viel Spaß!“

An der Geisterbahn steht ein kleines Kind und weint.

______ wird von seinem Vater getröstet.

2. Ersetze die farbigen Wörter durch passende Pronomen.

Jeden Morgen geht Malik mit Bente zusammen zur Schule.

Jeden Morgen geht er ______ mit Bente zusammen zur Schule.

Frau Sahin führt um diese Zeit immer ihren Hund an der Leine aus.

______ führt um diese Zeit immer ihren Hund an der Leine aus.

Beim Bäcker kaufen die Kinder noch ein frisches Brötchen.

Beim Bäcker kaufen ______ noch ein frisches Brötchen.

Das Brötchen kostet 55 Cent.

______ kostet 55 Cent.

1 Zusammengesetzte Nomen bilden

① Bilde zusammengesetzte Nomen mit Regen. Schreibe sie mit ihrem Artikel auf.

~~Schirm~~ | Mantel | Wolke | Tonne | Wurm | Rohr | Bogen | Wald

der Regenschirm,

② Unterstreiche jeweils den zweiten Teil der zusammengesetzten Nomen und ergänze den Artikel. Male den zweiten Teil der zusammengesetzten Nomen in die Bilderrahmen.

Sonnenbrille 

Sonnenschirm

Sonnenblume

Sonnensegel

① Spure die Linien mit verschiedenen Farben nach.
Schreibe dann die Wörter mit Silbenbögen auf.

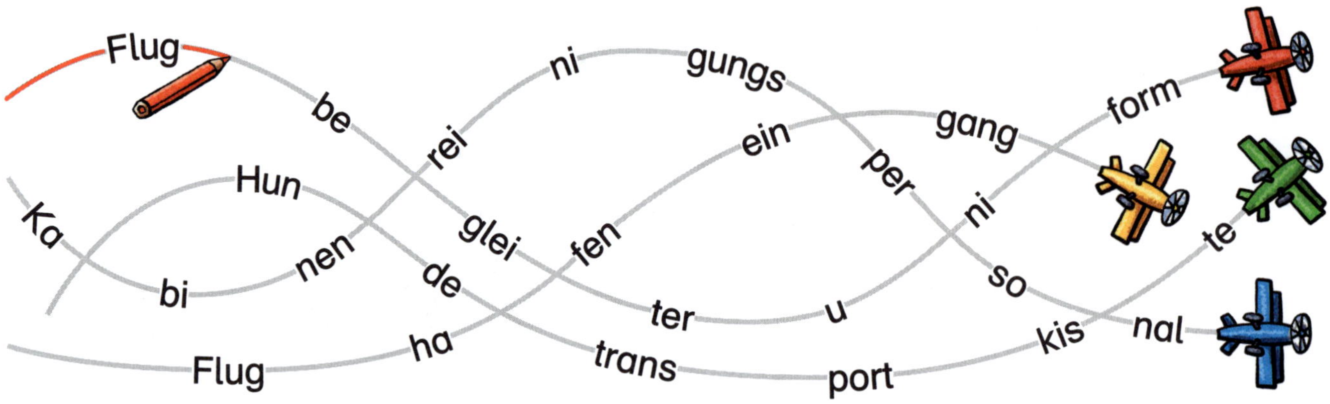

Flugbegleiteruniform

② Setze die fehlenden Silben ein. Ergänze die Silbenbögen.

Heu te flie ge ich zum ers_____ Mal mit dem Flugzeug.

Wir ma_____ zwei Wo_____ Urlaub in Grie_____land.

Ich bin auf_____regt und hal_____ mei_____ Ta_____ ganz fest.

Das Flugzeug hebt ab. Ich ha_____ ei_____ Fens_____platz

und se_____ die Wol_____. Wie schön die Welt von o_____

aussieht. Schon bald wer_____ wir lan_____.

1. Ordne die Nomen in die Tabelle ein.

~~Oma~~ ~~Tierheim~~ Igel Himmel

Esel Winter Donner Hase

Ziege Uhu Zoo Kirsche Arbeitsheft

Geschichte Idee Freundin Abend

Beim schriftlichen Trennen darf ein Buchstabe nie alleine stehen.

Diese zehn Nomen kann ich trennen	Diese sieben Nomen kann ich nicht trennen
Tier-heim	Oma

① Sieh dir das Bild an. Ergänze die Mind-Map zum Thema Meer.

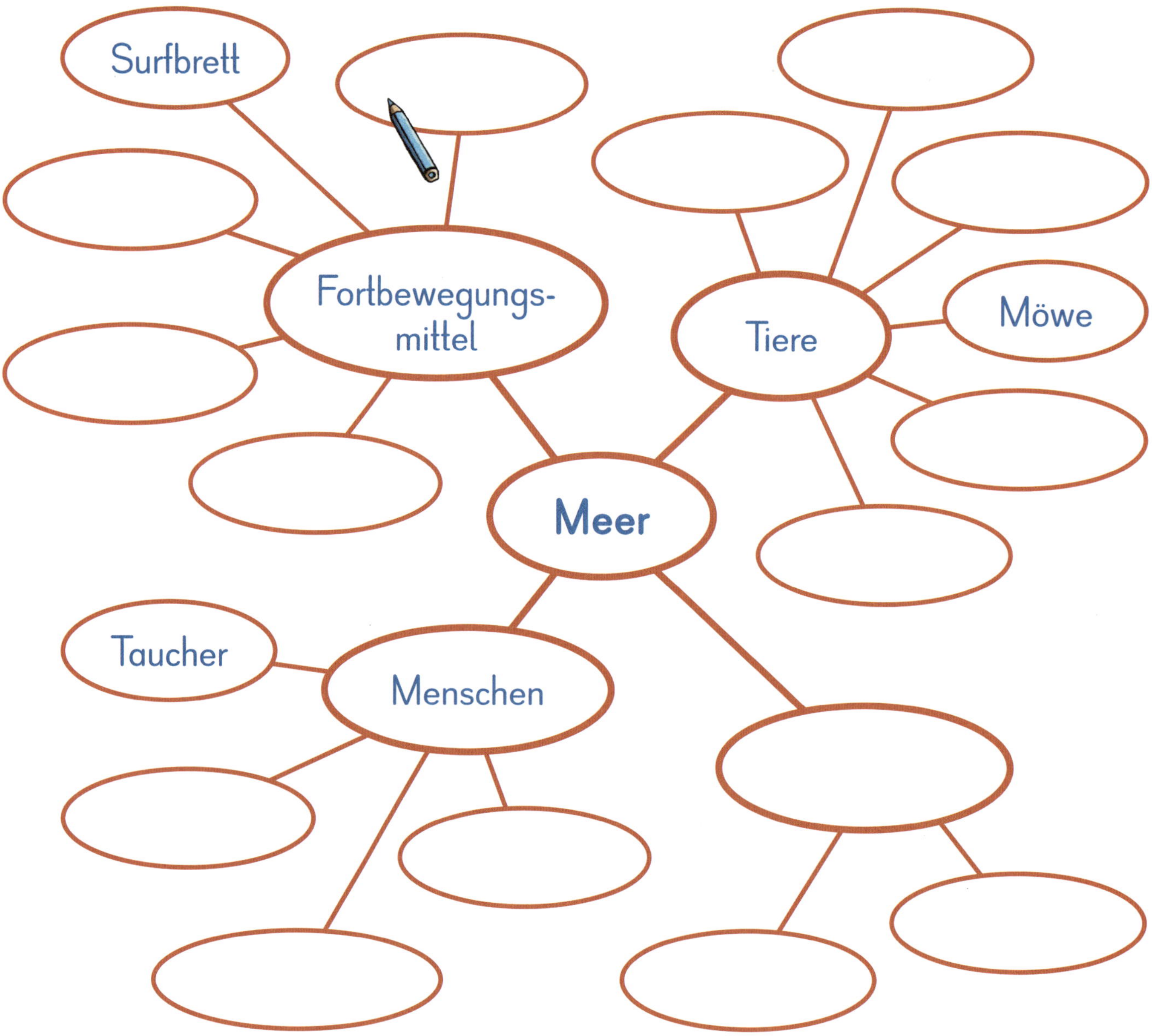

① In dem Wortgitter stehen 13 Wortpaare und 4 einzelne Wörter. Finde möglichst schnell alle Wörter, die nur einmal vorkommen. Streiche dazu die doppelten Wörter durch.

Eimer	gähnen	er	das	oft
das	Dreirad	viel	leben	Heimat
Wort	retten	Fluss	Name	los
viel	leben	Heimat	oft	Name
mager	er	Affe	mager	Fluss
Eimer	bei	los	Dreirad	retten

② Suche im linken Feld die Zahl 1 und schreibe sie im rechten Feld in das richtige Kästchen. Suche danach die 2, anschließend die 3 usw.

③ Lies den Text, ohne das Heft zu drehen.

Er dröhnt und knattert, knufft und pufft, und plötzlich fliegt er in die Luft. Nun wiegt und biegt er sich wie toll, fliegt Kurven, tummelt sich sehr munter, kopfüber und kopfunter. Er dreht im freien Himmelsraum vor Wonne einen Purzelbaum und weich und wundervoll, und schaukelt immer kecker, der rote Doppeldecker.

James Krüss

1 Ein Bild nach einer Anleitung gestalten

9

① Zeichne nach der Anleitung.

- ☐ Verbinde mit einem roten Stift die obere linke Ecke mit der unteren rechten Ecke. Verwende ein Lineal.
- ☐ Verbinde ebenso die beiden anderen Ecken mit einem blauen Stift.
- ☐ Zeichne um das Kreuz in der Mitte einen gelben Kreis.
- ☐ Schreibe in das untere Dreieck in deiner Lieblingsfarbe mit Großbuchstaben deinen Vornamen.
- ☐ Verbinde mit einem schwarzen Stift die Mitte des oberen Randes mit der Kreuzmitte, sodass zwei kleine Dreiecke entstehen.
- ☐ Male das linke kleine Dreieck orange aus. Schreibe in das rechte kleine Feld dein Alter als Zahl.
- ☐ Male in das rechte große Dreieck fünf unterschiedlich große lila Punkte.
- ☐ Zeichne in das letzte Dreieck ein Zebramuster ein.

1 Ein Leserätsel lösen

9

① Schneide die Legeteile aus.

② Setze die Nistkästen richtig zusammen und bringe sie in die richtige Reihenfolge.

Wenn mir ein Satz erst einmal nicht weiterhilft, lese ich ihn später noch einmal.

- [ ] Der Nistkasten mit dem lila Dach steht nicht neben dem gelben Nistkasten.
- [ ] Der Nistkasten links ist grün.
- [ ] Der gelbe Nistkasten hat ein schwarzes Dach.
- [ ] Der rote Nistkasten steht zwischen dem blauen und dem grünen Nistkasten.
- [ ] Das Dach des linken Nistkastens ist braun gestrichen.
- [ ] In den Nistkästen wohnen eine Blaumeise, ein Spatz und ein Rotkehlchen.
- [ ] Im Nistkasten mit dem grauen Dach brütet der Spatz.
- [ ] Der gelbe Nistkasten hat keinen Bewohner.
- [ ] Der Nistkasten der Blaumeise steht nicht am Rand.

③ Lies die Beschreibung nochmals und überprüfe deine Lösung.

Rückseite: beschriftete Version für Kinder mit Rot-Grün-Sehschwäche

lila
braun
schwarz
grau

gelb
grün
rot
blau

Blau-meise
Spatz
Rot-kehlchen

2 Passende Verbformen bilden

1. Markiere die Grundform der Verben und die dazugehörigen Personalformen in derselben Farbe.

gehen | wir gewinnen | kicken | du stehst
ich spiele | sie lacht | du machst | er ruft
stehen | spielen | sie gehen | sie kicken
wir rufen | machen | ihr gewinnt | lachen
ihr lacht | sie kickt | es steht | du spielst
ich mache | ich gehe | rufen | gewinnen

2. Setze die Verben in den passenden Personalformen ein. Unterstreiche den Wortstamm.

Immer dienstags gehen (gehen) Bente und Hanna zum Fußball. Sie ______ (kicken) im gleichen Verein. Hanna ist die Torwartin der Mannschaft.

Das Tor ______ (stehen) heute leider in einer großen Pfütze. Daher ______ (rufen) der Trainer Hanna zu: „Du ______ (spielen) heute in der Abwehr!“ Hanna ______ (lachen): „Das ______ (machen) ich gern, denn dann ______ (gewinnen) wir heute.“

① Markiere die Verben der Wortfelder denken und tun/machen mit zwei verschiedenen Farben.

fantasieren
arbeiten
überlegen
handeln

erledigen

abwägen

grübeln
herstellen

ahnen
beschäftigen
zubereiten
meinen

② Wähle aus jedem Wortfeld aus ① zwei Verben und schreibe mit diesen jeweils einen Satz.

① Setze ä und äu ein. Schreibe in die Klammern das verwandte Wort.

Lino wohnt am Rande eines kleinen St__ä__dtchens. (Stadt)

Er lebt in einem kleinen, windschiefen H_____schen. (__________)

Das Haus ist umgeben von vielen B_____men. (__________)

Am Apfelbaum hängen schon die reifen _____pfel. (__________)

Vor dem Haus befindet sich Linos G_____rtchen. (__________)

Dort wachsen Himbeeren an den Str_____chern. (__________)

Hinter dem Haus steht der Stall für die G_____nse. (__________)

② Leite ab und ergänze die Tabelle.

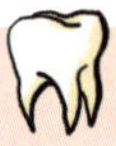
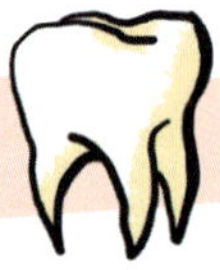

Klein ist	ϟ	Groß ist
das Zähnchen	ϟ	der
das Jäckchen	ϟ	die
das Kälbchen	ϟ	das
das	ϟ	die Taube
das	ϟ	die Maus
	ϟ	
	ϟ	

③ Finde zwei weitere Wortpaare wie in ②. Trage sie in die Tabelle ein.

16

2 Wörter mit **b**, **d** und **g** verlängern

① Kreise alle Wörter ein, die am Wortende mit b, d oder g geschrieben werden.
Verlängere sie und schreibe das verlängerte Wort auf.

_____ Wälder _____ _____ _____

_____ _____ _____ _____

② Ergänze in Leas Brief die fehlenden Buchstaben.
Trage am Rand jeweils das verlängerte Wort ein.

Lieber Milan,	
viele Grüße aus dem Urlau b .	Urlaube
Hier war es bis gestern sonni __ und heiß.	_____
Heute war es leider trü __	_____
und windi __ .	_____
Aber es gi __ t viel anzusehen,	_____
auch wenn Tobi lieber am Stran __	_____
lie __ t.	_____
Papa hat uns heute eine alte Bur __	_____
gezei __ t.	_____
Liebe Grüße von deiner Lea	

1. Überlege dir, wem du einen Brief schreiben möchtest.
   Bereite schon einmal den Briefumschlag (das Kuvert) dafür vor.
   Auf die Vorderseite gehören die Anschrift des Empfängers
   und des Absenders.

2. Male eine Briefmarke an die richtige Stelle.

3. Markiere die Felder mit der Anrede und den Grüßen
   eines förmlichen Briefes blau, eines persönlichen Briefes gelb.

Sehr geehrte Damen und Herren	Hey	Hallo	Verehrte	Tschüss
Liebe Grüße	Mit freundlichen Grüßen	Küsschen	Lieber	
Guten Tag	Bis bald	Eine feste Umarmung	Hi	Hochachtungsvoll

2 Eine förmliche E-Mail schreiben

1. Rani hat in ihrem Lieblingsbuch einen Fehler entdeckt. Ergänze in ihrer E-Mail an den Verlag die Betreff-Zeile, die Anrede und die förmlichen Grüße sowie die fehlenden Anredepronomen.

Von:	rani.kumar@beispiel.de
An:	
Betreff:	

______________________________,

mein Name ist Rani und ich bin neun Jahre alt. Mein absolutes Lieblingsbuch ist „Montis Waldabenteuer". Ich möchte ________ mitteilen, dass ich auf Seite 16 des Buches einen Rechtschreibfehler entdeckt habe. Dort haben ________ versehentlich beim Wort „Federkleid" das r vergessen. Könnten ________ dies bitte verbessern?

____

Rani Kumar

2. Welche Anrede und Grüße verwendest du in Briefen oder E-Mails an deine Freundinnen und Freunde?

____

3. Zwei E-Mail-Adressen stimmen nicht. Streiche sie durch. Trage die richtige Adresse in der E-Mail oben ein.

verlag@beispiel.de	info-verlag.de	info+verlag.de

2 Merkmale von Märchen kennen

(1) Ordne zu und markiere in der passenden Farbe.

Anfangs- oder Schlusssatz | Sprüche | Zahlen | Gegensätze

Es war einmal …

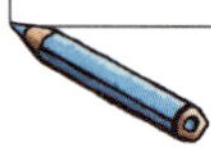

vierzig Räuber

sieben Geißlein

Rapunzel, Rapunzel, lass dein Haar herunter!

Und wenn sie nicht gestorben sind, dann leben sie noch heute.

der Arme und der Reiche

Ach, wie gut, dass niemand weiß, dass ich Rumpelstilzchen heiß!

Vor langer Zeit lebte …

Goldmarie und Pechmarie

zwölf Prinzessinnen

Sesam, öffne dich!

die gute und die böse Fee

Und so lebten sie glücklich bis ans Ende ihrer Tage.

drei Wünsche

Spieglein, Spieglein an der Wand, wer ist die Schönste im ganzen Land?

das fleißige Aschenputtel und die faulen Stiefschwestern

18

(1) Bringe den Lebenslauf in die richtige Reihenfolge.
Achte auf die Jahreszahlen.

Ein Leben für die Kunst

Nr.	Jahr	
1	1840	Claude Monet wird am 14. November in Paris geboren.
2	1845	Claude zieht mit seinen Eltern nach Le Havre ans Meer.
	1859	Monet geht nach Paris zurück und studiert Malerei. Dort lernt er andere Maler und seine spätere Frau Camille kennen.
	1916	Er malt sein größtes Werk **Seerosenteich mit Trauerweiden**.
	1883	Endlich bekommt Claude Monet eine eigene Ausstellung, sodass er nach und nach berühmt wird. Er zieht mit seiner zweiten Frau Alice und den Kindern nach Giverny. Dort malt er viele Bilder im Garten.
	1878	Sein zweiter Sohn Michel erblickt das Licht der Welt.
	1926	Claude Monet stirbt am 5. Dezember in Giverny.
	1867	Sein erster Sohn Jean wird geboren.
7	1879	Seine Frau Camille stirbt.
	1874	Monet malt das Bild **Impression, Sonnenaufgang**. Den Leuten gefällt es nicht. Sie bezeichnen seinen Malstil als Impressionismus. Eine neue Kunstrichtung ist entstanden und das Bild wird später weltberühmt.

(2) Lies den Lebenslauf noch einmal in der richtigen Reihenfolge.

2 Fragen zu einem Lebenslauf beantworten

18

(1) Kreuze die richtige Antwort an, ohne auf Seite 21 nachzuschauen.

Der französische Maler heißt
- ○ Carl Monet.
- ○ Claude Monet.
- ○ Claude Manet.

Seine Geburtsstadt ist
- ○ Paris.
- ○ Giverny.
- ○ Le Havre.

Er malt viele Bilder
- ○ in der Stadt.
- ○ in seinem Garten.
- ○ am Meer.

Seine erste Frau heißt
- ○ Alice.
- ○ Michele.
- ○ Camille.

Sein Sterbedatum ist der
- ○ 14. November 1840.
- ○ 5. Dezember 1926.
- ○ 14. Dezember 1940.

Seine Söhne heißen
- ○ Michael und Jan.
- ○ Michel und Camille.
- ○ Michel und Jean.

(2) Finde die Namen der beiden Bilder im Lebenslauf auf Seite 21.

① Immer zwei Verbformen gehören zusammen. Markiere sie in derselben Farbe.

ich las	spielen	es war	tragen
lesen	schreiben	wir spielten	trinken
du gingst	sein	er trank	sie trug
sie schrieben	gehen	ihr kamt	kommen

② Trage die fehlenden Formen in die Tabelle ein.

Grundform	Gegenwart	Vergangenheit
spielen	wir spielen	wir spielten
	es ist	es war
gehen	du	
		ich las
	er trinkt	
		sie schrieben
tragen	sie	
	ihr kommt	
		du tanztest
rechnen	ich	
		wir kochten

1 Löse das Kreuzworträtsel. Ergänze Wörter mit Qu/qu, V/v und chs.

Schreibe von oben nach unten:

1 das Gegenteil von längs
2 Dieses Tier ist fast durchsichtig und lebt im Meer.
3 Kartenspiel, bei dem immer vier Karten zusammengehören
6 Daraus bestehen Kerzen.
8 ein Kleidungsstück mit langen Ärmeln
10 ein Musikinstrument mit weißen und schwarzen Tasten
11 ein Waldtier mit orangefarbenem Fell
12 Diese Zahl kommt nach fünf.

Schreibe von links nach rechts:

4 Darin schwimmen Fische.
5 ein anderes Wort für Papa
7 Dieser Monat kommt vor Dezember.
9 Dieses Tier ist schwarz und grau und lebt im Wald.

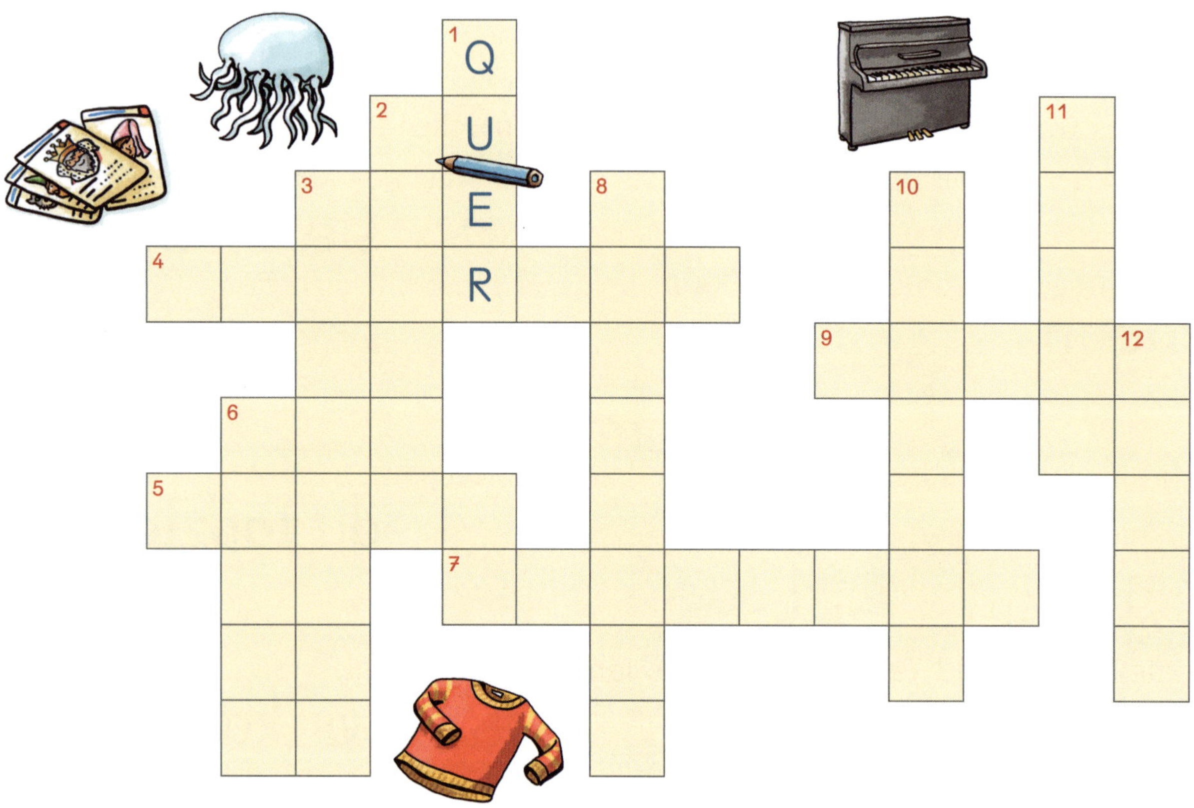

1 Hier findest du Textteile von drei Geschichten.
Rahme Einleitungen, Hauptteile und Schlüsse in verschiedenen Farben ein.

A Er starrte an die Zimmerdecke. Was war das? Bewegte sich da nicht etwas? Ein Schatten glitt über Decke und Wände. Er kam näher und näher. Lukas zog die Beine zu sich heran. Er versuchte nach seiner Mutter zu rufen, aber es kam nur ein krächzender Laut aus seinem Mund. „Hilfe!“, …

C Als Amira morgens zur Schule aufbrach, war alles wie immer. Mama saß noch mit einer Tasse Kaffee und der Zeitung am Tisch, Papa packte seine Brotdose in den Rucksack und blickte auf die Uhr.

E Es war an einem Mittwoch. Lukas lag im Bett und langweilte sich. Krank sein schön und gut, aber in den Ferien krank sein war blöd!

B Mit ihrem Eis in der Hand liefen die beiden zufrieden nach Hause. „Ich hätte nie gedacht, dass das so lecker schmeckt“, sagte Elsa. „Und unseren Eltern können wir erzählen, dass wir heute richtig viel Gemüse gegessen haben!“

D Da fielen sich die drei in die Arme. Papa putzte sich die Nase und Mama wischte sich die blaue Farbe aus dem Gesicht. Egal, was nun kam, sie würden zusammenhalten.

F „Was sind das denn für komische Sorten?“, fragte Elsa. „Gurke, Spinat, Kürbis?“ „Das Gurkeneis ist bestimmt erfrischend. Das probiere ich mal aus“, meinte Nuri. „Dann nehme ich eine Kugel Kürbiseis. Das ist so schön gelb!“, freute sich Elsa.

2 Schreibe auf, welche Textteile aus 1 zusammengehören.

Textteil E und Textteil ______. Es fehlt folgender Teil: ______________.

Textteil ______ und Textteil ______. Es fehlt folgender Teil: ______________.

Textteil ______ und Textteil ______. Es fehlt folgender Teil: ______________.

3 Unterschiedliche Satzanfänge nutzen

Diese Wörter können dir helfen:
plötzlich, dann, schnell, auf einmal, da …

(1) Schreibe die Geschichte abwechslungsreich.
Nutze dabei unterschiedliche Satzanfänge.

Letztes Wochenende durfte ich bei meiner Freundin Rani übernachten. Wir lasen uns im Bett Abenteuergeschichten vor.
Ich schlief bald ein.

Ich wurde von einem Geräusch geweckt.

Ich hörte ein Klappern und Schritte und bekam schreckliche Angst.

Ich zog mir die Bettdecke über den Kopf.

Ich hörte lautes Lachen.

Ich schaute nach und war ganz erleichtert.

Ich hatte nur Rani gehört, die über ihre Schuhe gestolpert war.

1 Überprüfe den Text als Aufbau-, Verständnis- und Ausdrucksprofi.

Überprüfe die Reihenfolge von Überschrift, Einleitung, Hauptteil und Schluss. Nummeriere die Textteile in der richtigen Reihenfolge.

Unterstreiche die Stellen, die nicht verständlich sind, rot.

Unterstreiche die Verben in falschen Zeitformen blau, Wortwiederholungen grün.

____ **Im Zirkus**

____ Zwei Jongleure jonglierten mit Keulen und brennenden Fackeln. Und eine Schlangenfrau verbog sich so, als hätte sie keine Knochen. Und der Clown machte Witze, sodass wir uns die Bäuche hielten vor Lachen. Und ein Fakir spuckte echtes Feuer. Zum Schluss der Darbietung kommen alle Zirkusleute in die Manege und führten noch einmal etwas vor. Das Publikum klatschte begeistert, doch der Zirkus war noch nicht aus. Das Publikum wurde in die Manege gebeten. Das Publikum durfte auch ein Kunststück lernen. Wir Kinder bauten eine menschliche Pyramide. Die Zirkusleute klatschten Beifall.

____ Letzte Woche kam ein Zirkus in unsere Stadt. Tim, Lisa und ich wollen unbedingt hingehen. Es ist ein besonderer Zirkus. Es gab keine Tiere, sondern nur Artisten und eine Überraschung am Ende der Vorstellung.

____ Wir waren sehr stolz und zu erzählen zu Hause hatten jede Menge von diesem besonderem Zirkusbesuch zu erzählen.

Kommissarin Knifflig und das gestohlene Bild

Kommissarin Knifflig soll, als eine von vielen eingeladenen Personen, an der Eröffnung einer neuen Sonderausstellung teilnehmen. Diese findet im hiesigen Kunstmuseum statt.

Als sie dort eintrifft, tummeln sich bereits viele Menschen im Museum. Es befinden sich viele prominente Männer und Frauen unter ihnen. Die Direktorin tritt ans Mikrofon und die Menge verstummt. Kommissarin Knifflig hört ihrer Rede nur unaufmerksam zu. Stattdessen mustert sie die aufwendig dekorierte Halle und die anwesenden Personen.

Das Wort darf den Sinn des Satzes nicht verändern.

(1) Hier sind Wörter aus dem Text näher erklärt.
Kreuze die passende Erklärung an und setze sie ein.

A Zeile 3: **hiesig** heißt auch:
( ) alt ( ) groß (X) örtlich

Diese findet im örtlichen Kunstmuseum statt.

B Zeile 4: **sich tummeln** heißt auch:
( ) umherlaufen ( ) stolpern ( ) herumliegen

Als sie dort eintrifft, ________ bereits viele Menschen im Museum ________.

C Zeile 5: **prominent** heißt auch:
( ) gelangweilt ( ) neugierig ( ) bekannt

Es befinden sich viele ________ Männer und Frauen unter ihnen.

D Zeile 8: **mustern** heißt auch:
( ) zeichnen ( ) betrachten ( ) befragen

Stattdessen ________ sie die aufwendig dekorierte Halle …

Sie sieht die Bürgermeisterin und den Pfarrer in der Menge stehen. Ein Mann mit Hut und Handschuhen bedient sich an den leckeren Speisen. Eine ältere Dame hebt von hinten das Tuch an, welches das wichtigste Kunstwerk noch vor den neugierigen Augen der Besucherinnen und Besucher verbirgt. Ein Pärchen im **Foyer** fällt ihr besonders auf. „Wer geht denn mit Sonnenbrille und Reisetasche ins Museum?“, denkt sie noch, bevor tosender Applaus sie aus ihren Gedanken reißt.

(2) Kreuze an, welche Erklärung für das fett gedruckte Wort passt.

- ◯ hinterer Bereich eines großen Saales
- ◯ große Halle im Eingangsbereich eines Gebäudes
- ◯ Bereich, in dem Speisen und Getränke serviert werden

Endlich ist der große Moment gekommen. Das weiße Tuch wird angehoben. Ein Raunen geht durch die Menge. „Ich bin entsetzt! Das ist nicht das Bild, das ich gemalt habe!“, ruft der Künstler **empört**. „Ich verklage das Museum und die Stadt!“ Kommissarin Knifflig **ignoriert** den wütenden Künstler und schlendert **gemächlich** durch die Halle, den Täter fest im Blick.

(3) Finde die Bedeutung der fett gedruckten Wörter heraus.
Nutze dazu ein Wörterbuch oder eine Kindersuchmaschine oder frage einen Erwachsenen.

empört (die Empörung): ______________________________

ignorieren: ______________________________

gemächlich: ______________________________

4 Adjektive mit **ig** und **lich** bilden

① Finde das passende Adjektiv mit ig oder lich und schreibe es auf.

die Ruhe	der Freund	der Spaß	die Feier
ruhig			
das Eis	**das Glück**	**die Sonne**	**der Durst**

② Bilde Adjektive. Verbinde dazu die Wortanfänge passend mit ig oder lich.

witz	lieb	vorsicht	sommer	sport

ig   lich

neugier	schreck	wind	fried	wagemut

③ Schreibe die Adjektive aus ② vollständig auf.

witzig,

4 Vergleichsstufen von Adjektiven bilden

37

1 Fülle die Lücken in der Tabelle mit den passenden Formen.

Grundstufe	1. Vergleichsstufe	2. Vergleichsstufe
schnell	schneller	am schnellsten
	jünger	
reich		
		am kürzesten
	wärmer	
tief		
	weiter	
		am kältesten
gut		

2 Suche dir ein Adjektiv aus 1. Schreibe in jeder Vergleichsstufe einen Satz.

① Verbinde die Nomen und Adjektive zu Farbadjektiven.

Himmel

Gras

Schokolade

Zitrone

Maus

grün | rot | weiß | schwarz | grau

blau | braun | rosa | gelb

Rose

Schnee

Schweinchen

Pech

② Schreibe alle Farbadjektive aus ① auf.

himmelblau,

③ Wähle ein Adjektiv aus ② und schreibe einen Satz.

4 Wörter mit doppeltem Konsonanten finden

① Male zusammengehörende Silben in der gleichen Farbe aus.
Achtung: Drei einsilbige Nomen bleiben übrig.

fal	bit	ger	tip	Sinn	Män	Quel	Mes	fres
dop	ser	Pass	len	Löf	Flüs	sen	Pfan	se
Bag	ne	ner	ten	Müll	fel	pelt	pen	le

② Schreibe die Wörter aus ① mit Trennstrichen auf.

Mes-ser,

③ Löse das Rätsel.

ein anderes Wort für Team	M a n n s c h a f t
Gegenstand zur Haarpflege	_ _ _ _
Jahreszeit vor dem Herbst	_ _ _ _ _ _
Insekt mit bunten Flügeln	_ _ _ _ _ _ _ _ _ _ _ _ _
Gegenteil von hungrig	_ _ _ _
Kind eines Schafes	_ _ _ _

① Schreibe die Wörter in Silben getrennt auf.

setzen ✶ knicken ✶ drücken ✶ blitzen ✶ Socke ✶ Katze ✶ einsetzen ✶ dreckig ✶ Pfütze ✶ schwitzen ✶ schlucken ✶ kratzen ✶ Brücke ✶ sitzen ✶ Zucker ✶ auspacken ✶ Winterjacke ✶ Stricknadel ✶ Wecker ✶ kitzeln ✶ meckern ✶ Schneckenhaus

set-zen,

② Zeichne in den Wörtern Trennstriche ein, wo du trennen darfst.

So ein Wet|ter!

Nach einer nassen, stürmischen Nacht gibt es auch heute heftige Gewitter. Dicke Regentropfen fallen vom Himmel, Blitze zucken und lautes Donnergrollen ist zu hören. Tim stellt sich unter eine Brücke und wartet, bis das Prasseln nachlässt. Erst am Nachmittag zeigt sich die Sonne. Glücklich springen die Kinder in die Pfützen. Ihre Gummistiefel halten die Füße trocken.

1 Zeichne die beschriebene Person.

Das ist Marika.
Sie hat ein rundes Gesicht und lange, glatte, braune Haare.
Der Pony reicht bis zu den geschwungenen Augenbrauen hinunter.
Ihre großen, blauen Augen schauen freundlich.
An den abstehenden Ohren trägt sie Schmetterlingsohrringe.
Ihre kleine, spitze Nase ist übersät mit vielen Sommersprossen.
Wenn sie lächelt, sieht man ihre weißen, geraden Zähne.

2 Beschreibe die Person in Stichwörtern.
Verwende treffende Adjektive.

Gute Idee

Es ist Winter. Die Wikinger bleiben daheim und wärmen sich am Feuer. Nur Pelle schleicht hinaus. Er ruft leise: „Weißnase!“ Ein kleiner Wolf kommt gelaufen. Pelle füttert und streichelt ihn. Der kleine Wolf hat kein Rudel mehr. Deshalb möchte Pelle ihn für immer behalten. Aber Wikinger mögen keine Wölfe. Wenn sie Weißnase entdecken, ist der kleine Wolf verloren. Plötzlich dröhnt eine Stimme: „Wolfsalarm!“ Es ist der starke Erik. Alle Wikinger laufen herbei und schwingen ihre Äxte. Der kleine Wolf flieht in den Wald. Die Wikinger stürmen hinterher. Besorgt läuft Pelle ihnen nach. Auf einmal bricht ein Schneesturm los. Schnee! Überall Schnee! Die Wikinger verirren sich. Müssen sie jetzt draußen im Wald jämmerlich erfrieren? Da ruft Pelle laut: „Weißnase!“ Schon ist der kleine Wolf da. Er findet auch im Schneesturm den richtigen Weg. So führt er alle sicher nach Hause. Erik sagt dankbar: „Weißnase hat uns gerettet. Wollen wir den kleinen Wolf nicht für immer behalten?“

Frauke Nahrgang

1. Unterstreiche mit der richtigen Farbe den Antwortsatz im Text.

a) **Was** machen die Wikinger im Winter?

b) **Warum** ist der kleine Wolf Weißnase allein?

c) **Wer** entdeckt Weißnase doch noch?

d) **Wie** vertreiben die Wikinger den kleinen Wolf?

e) **Welches** Wetter bricht über die Wikinger im Wald herein?

f) **Wie** rettet Weißnase die Wikinger?

1. Setze die passenden Satzzeichen ein.

Die Schule befindet sich in einem Schlossgarten _._

Wusstest du, dass es früher hier ein Schloss gab ___

Stell dir vor, in der Ruine soll es sogar noch ein Verlies geben ___

Ob da wohl Leute eingesperrt waren ___

Zum Glück sind diese Zeiten schon lange vorbei ___

2. Setze die passenden Satzzeichen in die Sprechblasen ein.

1 Rani und ihre Eltern ziehen um.
Schreibe auf, was die Familie alles in den Möbelwagen packen muss.

Rani und ihre Eltern packen einen Schrank, ______

______

______

______

______ und ______

in den Möbelwagen.

2 Setze die Kommas.

Rani und ihre Eltern sind in der neuen Wohnung angekommen. Nach der Fahrt haben sie Hunger und packen Getränke, Brote Obst und Gemüse aus. Auf dem Fußboden machen sie ein Picknick. Danach überlegen die Eltern, wohin sie die Teller Tassen Flaschen und Brotboxen stellen sollen. Rani hat einen Vorschlag: „Wir sammeln alles auf der Fensterbank oder im Waschbecken."

5 Im Wörterbuch nachschlagen

① Ergänze den bestimmten Artikel. Schlage dazu die Nomen im Wörterbuch nach.

der Kosmos	______ Radiergummi	______ Silvester
______ Vitamin	______ Domino	______ Karies

② Suche die abgebildeten Dinge im Wörterbuch und schreibe sie mit ihrer Mehrzahlform auf.

	der Traktor	die ______	
	das ______	die ______	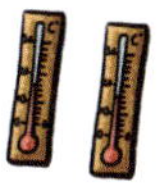
	das ______	die ______	
	das ______	die ______	
	der ______	die ______	

③ Schlage die Wörter im Wörterbuch nach und kreuze die richtige Schreibweise an.

◯ Restorant	☒ Restaurant	◯ Ristaurant
◯ Pyramide	◯ Püramide	◯ Pyramiede
◯ Gramatik	◯ Grammatik	◯ Grammatick
◯ Dedektiv	◯ Dedektif	◯ Detektiv
◯ Karusell	◯ Karrusell	◯ Karussell
◯ Addresse	◯ Adresse	◯ Adrese

(1) Lies die Textabschnitte.
Nummeriere sie in der richtigen Reihenfolge.

Tante Jutta bekommt eine Gelbe Karte

____ Nach der Halbzeit rannte Hanna erneut an der Abwehr vorbei und schoss auf das Tor. Doch der Ball wurde vom Torwart an den Innenpfosten gelenkt und anschließend festgehalten. War der Ball nun drinnen oder nicht?

1 Letzten Samstag begleitete Tante Jutta ihre Nichte Hanna zum Fußballspiel.

____ Der Schiedsrichter ließ weiterspielen, also kein Tor. Tante Jutta konnte es nicht fassen und rannte auf das Spielfeld. Sie schrie den Schiedsrichter wütend an: „Das war ein Tor!"

____ Zu Hause angekommen schimpfte Tante Jutta immer noch vor sich hin. Hanna beruhigte sie: „Ist nicht so schlimm, wir haben doch trotzdem gewonnen."

____ Der Schiedsrichter ließ sich nicht von einer Zuschauerin beschimpfen und zeigte ihr die Gelbe Karte.

____ Hanna spielt schon seit zwei Jahren Fußball und ist sehr gut. Nach einer Viertelstunde hatte sie schon ein Tor geschossen.

1 Überarbeite den Text als **Ausdrucksprofi**.

Mein Ferienerlebnis

In den Ferien waren meine Eltern mit meiner Schwester Anna

war

und mir in einem Freizeitpark. Dort ist es sehr schön.

Wir

Anna und ich gingen zur Achterbahn. Anna und ich fuhren

mehrere Runden mit. Das macht viel Spaß.

Dann gingen wir zur Wasserbahn. Mein Vater sitzt vorne.

Er wurde plitschnass. Er ärgerte sich sehr. Aber dann lachte er.

Dann gehen wir zum Spielplatz. Dann kletterten wir auf dem

großen Klettergerüst. Dann rutschten wir auf der Mattenrutsche.

Am Ende essen wir noch ein leckeres Eis.

Das war ein toller Tag!

1. Beschrifte die Piktogramme.

Museum	Burg	~~Bushaltestelle~~	Autofähre

Theater	Wandern	Angeln	Nebel	Regen

Bushaltestelle

2. Ordne die Piktogramme aus (1) den Oberbegriffen zu.
Male dazu die Kreise in der richtigen Farbe aus.

Wetter Verkehr Sehenswürdigkeiten Freizeit

3. Zeichne zwei andere dir bekannte Piktogramme aus den Bereichen Verkehr und Wetter.

1 Zeichne Leas Weg in Blau in den Stadtplan ein.

Ich stehe am Bahnhof
und laufe am Wochenmarkt vorbei direkt
zur Stadtinformation. Danach folge ich der Bäckergasse
bis zur großen Kirche und biege links in die Hofstraße und gleich wieder
links in Richtung Poststraße ab. Nun leihe ich mir ein Buch in der Bücherei aus
und hole in der Post ein paar Briefmarken. An der Haltestelle gegenüber
warte ich auf den Bus. Er bringt mich auf dem kürzesten Weg
ins Stadtmuseum.

2 Zeichne nun Emils Weg in Rot ein.

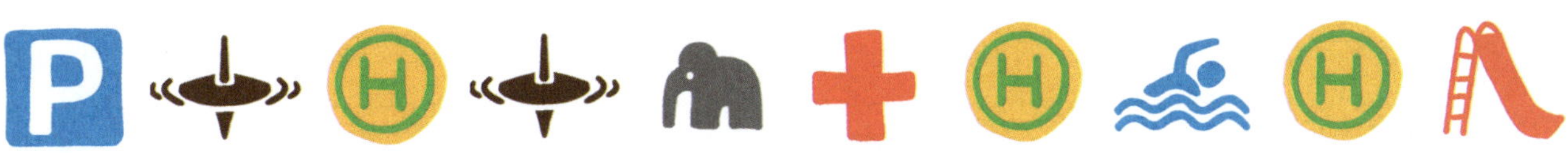

5 Ein Säulendiagramm lesen und zeichnen

32

① Die Klasse 3a stimmt darüber ab, welchen Stand sie am Schulfest anbieten wird. Jedes Kind hat nur eine Stimme. Beantworte die Fragen zum Säulendiagramm.

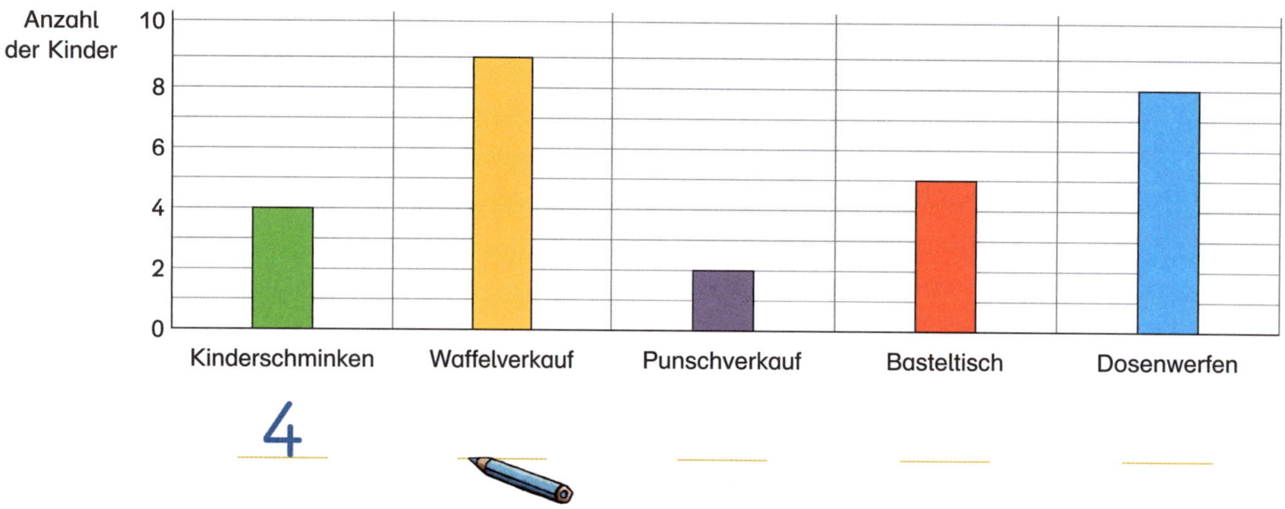

a) Wie viele Kinder möchten welchen Stand anbieten? Trage die Zahlen auf der Linie unter der Säule ein.

b) Wie viele Kinder sind in der Klasse 3a? ______

c) Für welchen Stand stimmen die meisten Kinder? ______

d) Welcher Stand erreicht den zweiten Platz? ______

② Die Kinder wurden zum Standdienst eingeteilt. Vervollständige das Diagramm.

Uhrzeit	13.00–14.00 **Aufbau**	14.00–15.00 **Verkauf 1**	15.00–16.00 **Verkauf 2**	16.00–17.00 **Verkauf 3**	17.00–18.00 **Abbau**
Anzahl der Kinder	7	4	6	5	6

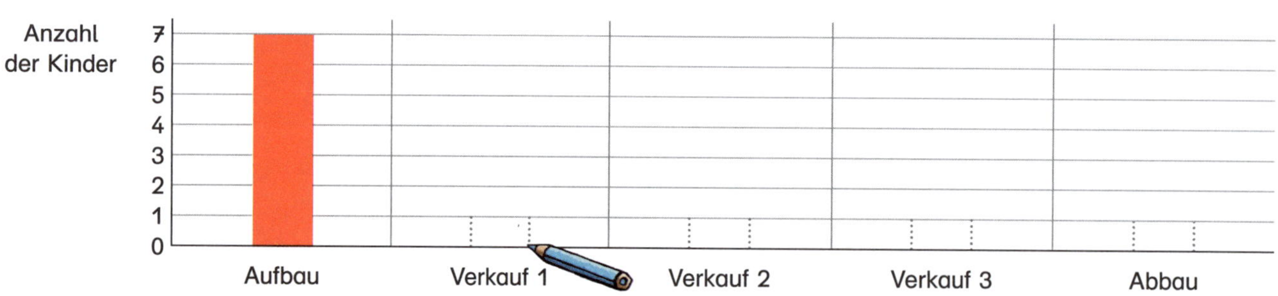

6 Satzzeichen bei der wörtlichen Rede einsetzen

(1) Unterstreiche im Text die wörtliche Rede grün und die Redebegleitsätze gelb.

Ein Hase und eine Schildkröte liefen einen kleinen Weg gemeinsam. Der Hase spottete: „Bist du langsam! Du brauchst ja eine Ewigkeit.“ Die Schildkröte erwiderte: „Lach nicht über mich! Ich kann sogar schneller sein als du.“ Der Hase sagte: „Das kannst du nicht.“ Die Schildkröte sagte: „Oh doch!“ Der Hase bot an: „Gut, dann lass uns um die Wette laufen. Aber ich werde natürlich gewinnen.“ ◈

(2) Setze die passenden Satzzeichen ein.

Schildkröte und Hase baten den Fuchs, das Startzeichen zu geben. Er rief _:_ _„_Achtung – fertig – los!_“_ Der Hase rannte schnell los und rief der Schildkröte zu___ ___Tschüss, bis später!___

Sicher über seinen Sieg machte der Hase eine Pause und erklärte einer Ameise am Weg___ ___Ich gewinne eh, dann kann ich auch ein wenig ausruhen.___ Kurz darauf war er fest eingeschlafen. Die Schildkröte dagegen sprach zu sich selbst___ ___Immer weitergehen, nicht stehen bleiben. Du schaffst das.___ Als der Hase erwachte und die Situation erkannte, rannte er so schnell los, wie er konnte. Doch da war die Schildkröte schon im Ziel und rief___ ___Gewonnen!___

nach Äsop

① Schreibe die Wörter richtig auf.
Die Bilder helfen dir dabei.

kaßienneG	Gießkanne	rauStß	
enschßeim		igßeidr	
üFße		ßSoe	
ßScheiw		eßeirn	
aßStre		loFß	

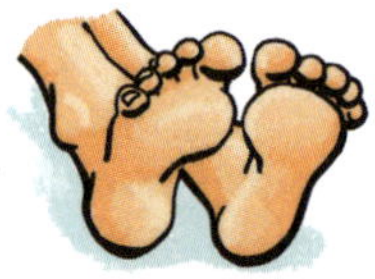

Jedes Wort darf nur
1× in jeder Zeile, 1× in jeder Spalte
und 1× in jedem farbigen Feld
vorkommen.

② Löse das Sudoku mit
den Wörtern auf den Karten.

weiß | fließt | heißen | Füße

heißen	F		fließt
		heißen	
Füße			weiß
	weiß		

1 Lies die Einleitung. Markiere die Reizwörter, die zur Geschichte passen.

Der Vollmond schien
über der geheimnisvollen Burg.
Ritter Rudolf hatte sein Pferd gesattelt,
um noch in der Nacht aufzubrechen.
Seine Freunde hatten sich schon im Hof versammelt.

Recke Rudolf – Nacht – Pferd

Ritter Rudolf – Vollmond – Hof

Freunde – uralte Burg – Ritter Richard

2 Schreibe den Hauptteil und den Schluss der Geschichte aus 1.

(1) Unterstreiche die wörtliche Rede so:
die wütenden Worte des Zauberers gelb,
die freundlichen Worte des Hasen grün.
Lies dann nur die wörtliche Rede laut vor.

Der wütende Zauberer Kotzmotz

„Entschuldige!“, / sagte der kleine Hase, / „**könntest** du wohl ein kleines bisschen zur **Seite** treten, / du stehst nämlich **direkt** vor der **Sonne**, / und dein Schatten ist **groß** und **kalt**.“ // Der Zauberer traute seinen **Augen** nicht. / Da stand ein **Winzling** von einem zerzausten Hasen **vor seinem Haus** / und wich nicht **eine** Kieselsteinlänge vor ihm zurück. / Und dieser **Winzling** von einem zerzausten Hasen, / dessen Ohren es noch **nicht** einmal schafften, auf gleicher **Höhe** zu stehen, / wollte, dass **ER**, / **der Zauberer Kotzmotz**, / aus der Sonne ging? //
Und er reckte sich **noch** höher, / sodass der kleine Hase **noch** kleiner und **noch** tiefer unter ihm stand / und **schrie**: // **„DU-HÄSSLICHSTER-WICHT-VON-EINEM-HASEN-DEN-DIE-WELT-JE-GESEHEN-HAT-VERSCHWINDE-SONST-MACH-ICH-SCHNECKENSCHISS-AUS-DIR!“** //
„**Oooh!**“, / staunte der zerzauste Hase, / der **nichts**, / aber auch nicht eine **einzige** Silbe von dem langen Wort verstanden hatte. // „**Oooh!**“, / sagte er, / „dieses lange Wort habe ich noch **nie** gehört, / aber ich muss dir sagen, / es klingt **gar** nicht gut. // Willst du mal ein ganz, / ganz langes hören, / das viel schöner klingt?“ ◈

(2) Lies nun den ganzen Text vor. Betone die hervorgehobenen Wörter deutlich, aber nicht übertrieben. Mache kleine Pausen bei / und deutliche Pausen bei //.

6 Einen Text zum Vortragen vorbereiten

34

(3) Bereite den weiteren Text zum Vortragen vor.

a) Unterstreiche die wörtliche Rede in der passenden Farbe.

b) Markiere die Wörter, die du betonen willst.

c) Setze eigene Pausenzeichen und übe ein paar Mal.

Er reckte sich hoch auf,/knickte sein Knickeohr kerzengerade nach oben, schaute dem Zauberer direkt in seine funkelnden Augen, sodass der auf der Stelle zu blinzeln begann, und sagte langsam und deutlich: „SEEROSEN-INNENLICHT-GEFLIRR-IM-SONNEN-MORGEN-TAU-GEGLITZER!“

Der Zauberer Kotzmotz traute seinen Ohren nicht. Dieser Mickerling von einem zerzausten Hasen gab ihm Widerworte, genau genommen das längste Widerwort, das er je in seinem Leben gehört hatte und das dazu noch so seltsam klang, dass er davon eine Gänsehaut bekam und einen Schauer im Herzen. Und noch nie, noch niemals nie in seinem langen Zaubererleben, und das war SEHR lang, war eine solche Ungeheuerlichkeit vorgekommen. ◇

Brigitte Werner

7 Nach dem Subjekt fragen

52

(1) Ordne den Fragen die passenden Antwortsätze zu.

Fragen	Antwortsätze
Wer ist im Freibad?	Das Wasser ist kühl.
Wer hält ein Eis in der Hand?	Frau Sommer springt ins Wasser.
Was ist kühl?	Tim, Lisa und Malik sind im Freibad.
Wer springt ins Wasser?	Tim hält ein Eis in der Hand.

(2) Unterstreiche in den Antwortsätzen in (1) das Subjekt.

(3) Setze die Satzglieder auf verschiedene Arten zu einem Satz zusammen. Unterstreiche in jedem Satz das Subjekt.

Lea	kommt	heute	zu spät	.

Lea ______________________________ .

______________________________ .

______________________________ ?

1 Unterstreiche Subjekt und Prädikat in verschiedenen Farben.

Im Mai	hatte	die Schule	eine Sportwoche.
Jeden Tag	wählten	die Kinder	eine Sportart.
Begeistert	waren	alle	bei der Sache.
Zum Abschluss	feierte	die ganze Schule	ein Sportfest.

2 Stelle jeden Satz aus 1 so um, dass das Subjekt am Satzanfang steht.

Die Schule

3 Stelle jeden Satz aus 1 so um, dass das Prädikat am Satzanfang steht.

Hatte

1 Lies den Text. Setze die fehlenden Punkte ein.
Markiere die Satzanfänge und unterstreiche die Nomen.

lea ist auf dem weg zum spielplatz plötzlich bleibt sie stehen sie hat einen kleinen vogel entdeckt er sitzt hilflos auf einem stein sein linker flügel ist verletzt schnell läuft lea zurück zur wohnung sie holt einen pappkarton und setzt das tier vorsichtig hinein dann bringt sie den vogel zum tierarzt

2 Schreibe den Text aus 1 richtig auf.

Lea ist

1 Sieh dir die Bilder an. Schreibe eine Bastelanleitung. Die Wörter im Kasten helfen dir.

in der Mitte falten ✶ knicken ✶ aufmalen ✶ einschneiden ✶ aufklappen ✶ nach vorne drücken ✶ ausschneiden ✶ aufkleben ✶ Zuerst … ✶ Als Nächstes … ✶ Danach … ✶ Dann … ✶ Zuletzt …

Du brauchst:

Zuerst

1. Hier sind eine Spielanleitung und ein Kochrezept durcheinandergeraten. Unterstreiche beide Texte in verschiedenen Farben.

Gedächtnisspiel bei Regenwetter / Pfannkuchen

Ein Kind beginnt und sagt den Satz: Gib 250 Gramm Mehl und „Es regnet arme Ameisenbären.“ einen Teelöffel Backpulver in eine Schüssel. Das nächste Kind wiederholt: Füge anschließend 450 Milliliter Milch und drei Eier hinzu. „Es regnet arme Ameisenbären“, und fügt vielleicht hinzu: „und bunte Blumen.“ Gib noch etwas Salz dazu und vermische alles gut. Das dritte Kind wiederholt die beiden ersten Sätze und fügt einen dritten an, Erhitze etwas Öl in einer Pfanne. diesmal mit dem Buchstaben C, z. B.: „... und cremeweiße Clowns.“ Gib mit einer Kelle etwas Teig in die Pfanne und backe Das Spiel ist zu Ende, wenn ihr die Pfannkuchen von beiden Seiten hellbraun. bei Z angekommen seid.

2. Schreibe die Zutaten für das Rezept aus 1 auf.

Zutaten:

– 250 Gramm Mehl

(1) Ordne die Wörter aus dem Buch „Grompel – Chaos im Anmarsch" den Erklärungen zu.

Wörter	Erklärungen
Leuchtpilze	Damit soll das Grompel heimlich gefilmt werden.
Wildkamera	Das sind Grompels Freunde im Zoo.
Sonderhund	Grompel frisst sie gern. Sie leuchten im Dunkeln.
Binturongs	Das ist die Verkleidung von Grompel im Zoo. Grompel knurrt und bellt dazu.

(2) Wähle zwei besondere Wörter aus deinem Lieblingsbuch aus.
Schreibe zu jedem Wort eine Erklärung wie in (1).

① Die Sumerer hatten sich schon vor über 3000 Jahren Schriftzeichen überlegt.
Verbinde die Schriftzeichen mit den passenden Nomen.

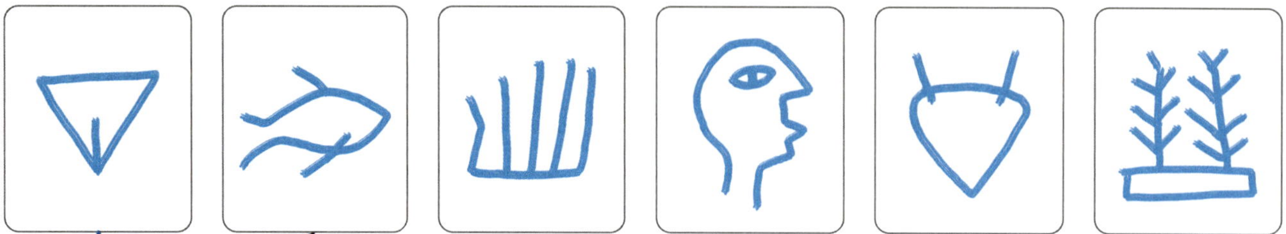

Kopf | Frau | Garten | Hand | Fisch | Rind

② Auch heute erfinden Menschen immer wieder neue Schriftzeichen, zum Beispiel mit der Tastatur.
Verbinde die Wörter mit den passenden modernen Schriftzeichen.

Zunge rausstrecken	:)
laut lachen	<3
schweigen	:X
Herz	:(
weinen	:P
lachen	:´(
traurig	:D

③ Denke dir ein modernes Schriftzeichen aus.
Schreibe es mit den Zeichen der Tastatur.

1 Vergleiche die beiden Texte.

a) Markiere die Fehler im rechten Text.

b) Trage die passenden Strategiezeichen (3× ⓦ, 1× ↯, 2× ↪, 3× Ⓜ) ein.

c) Ergänze zwei fehlende Satzzeichen.

Ein neues Hobby

Lea spielt Tischtennis. Doch in letzter Zeit war sie nur noch selten beim Training.

Der Sport macht ihr nicht mehr so viel Spaß wie früher. Deshalb will sie sich ein neues Hobby suchen.

„Du könntest Handball spielen“, schlägt Papa vor. Aber Lea will lieber Klavier spielen. Oder sich um ein Pflegepferd kümmern.

Oder doch lieber Theater spielen? Sie kann sich einfach nicht entscheiden …

Ein neues Hobby

ω

Lea spielt Tischtenis. Doch in letzter Zeit war sie nur noch seltn beim Trening.

Der Sport macht ihr nicht mehr so viel Spaß wie früher. Deshalb will sie sich ein neues Hobbi suchen.

Du könntest Hantball spielen, schlegt Papa vor. Aber Lea will lieber Klawier spielen. Oder sich um ein Pflegepfert kümmern.

Oder doch lieber Theater spielen? Sie kann sich einfach nicht entscheidn …

① Kreise die richtige Schreibweise ein.
Markiere die richtige Strategie und begründe deine Entscheidung.

Wort	Strategie	Begründung
der Sta✱: Stam oder Stamm? 	In Silben schwingen (P) Ableiten von einem verwandten Wort (R) Verlängern des Wortes (E) Merkwort (M)	Stamm ↪ die Stämme
 der Fu✱: Fuß oder Fuss? 	In Silben schwingen (A) Ableiten von einem verwandten Wort (E) Verlängern des Wortes (U) Merkwort (L)	
die M✱se: Meuse oder Mäuse? 	In Silben schwingen (S) Ableiten von einem verwandten Wort (E) Verlängern des Wortes (R) Merkwort (F)	
der Ber✱: Berk oder Berg? 	In Silben schwingen (O) Ableiten von einem verwandten Wort (I) Verlängern des Wortes (F) Merkwort (A)	
das Moto✱ad: Motorrad oder Motorad? 	In Silben schwingen (A) Ableiten von einem verwandten Wort (S) Verlängern des Wortes (N) Merkwort (L)	
run✱: rund oder runt? 	In Silben schwingen (A) Ableiten von einem verwandten Wort (T) Verlängern des Wortes (N) Merkwort (U)	
die Oli✱e: Olive oder Oliwe? 	In Silben schwingen (S) Ableiten von einem verwandten Wort (E) Verlängern des Wortes (N) Merkwort (T)	

Lösungswort: E __ __ __ __ __ __

1 Setze die fehlenden Buchstaben ein.
Die Strategiesymbole geben dir einen Hinweis.

Endlich Ferien!

Morgen begi_nn_en die So____erferien. Die Kinder

der Kla____e 3a kö____en es kaum erwarten.

A____e freuen sich auf se____ freie Wochen.

Einige Kind____ werden ____erreisen.

Malik fliegt mit seinen Müttern ans Mittelm____r.

Sie wollen jeden Ta____ an den Stran____ gehen

und Muscheln sa____eln.

Tim und Milan ne____men an einem Ferienprogra____

im Z____ teil.

Rani bekommt Besuch ____on ihrer Kus____ne.

Sie le____t in einer anderen Stadt.

Hanna f____hrt mit ihrem ____ater in die Berge.

Lea, Bente, Lisa, Koki und Emil fa____ren nicht weg.

Sie wo____en sich jeden Tag tre____en und draußen spielen.

1 Überprüfe, welche der Gedichte Haikus sind. Zähle dazu die Silben jeder Zeile und schreibe sie auf. Kreuze die Haikus an.

○

Um grüne Weiden — 5
Die Fledermäuse huschen — ____
Im Rot des Abends. — ____

Kikaku

○

Wenn der Laubfrosch schreit, — ____
ist der Regen nicht weit. — ____

Volksgut

○

Ein großer Glühwurm — ____
Mit leichtem Schaukeln flackernd — ____
An mir vorbeischwebt. — ____

Issa

2 Schreibe selbst ein Haiku. Die Wörter im Kasten können dir helfen.

Herbstwind ✶ Sommer ✶ am Meer ✶ Blumenwiese ✶ Abendrot

1 Notiere für jede Farbe ein Wort aus dem Wortfeld sprechen.

Wortfeld sprechen

2 Setze deine Wörter aus 1 in den Bauplan ein.

① Lies das Gedicht. Ergänze die fehlenden Reimwörter.

~~Pfoten~~	Post	gerochen	Stamm	liegt	Tatzen	Paket	Karte

Katzenpostamt

Die Katzenbriefträger, die Katzenpostboten,
verlassen das Postamt auf flinken Pfoten.
Sie laufen nach Nord, Süd, West und Ost
und bringen allen ihre ________.

Der Specht in seinem Loch im ________
erhält ein langes Telegramm.
Der Laubfrosch quakt: „Ach, meine ________,
auf die ich schon seit Wochen warte!"

Enthält das Päckchen einen Knochen?
Der Hofhund hat es gleich ________.
Das Pferd, das auf der Weide steht,
bekommt ein riesiges ________.

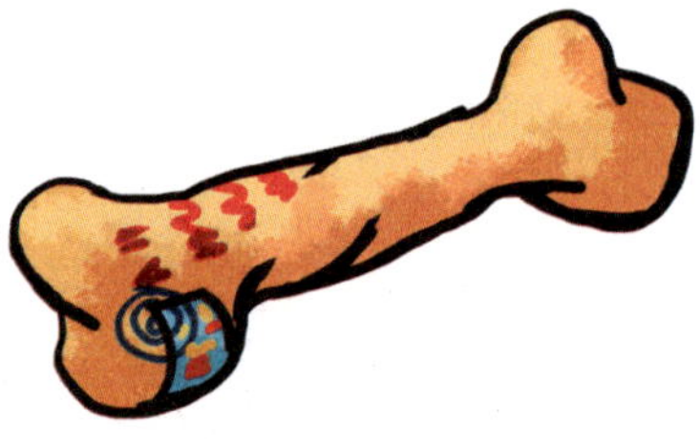

Am Abend kehren alle Katzen
zum Amt zurück auf müden ________.
Ein Kater, der im Schlafe ________,
träumt, dass er selber Briefe kriegt. ◇

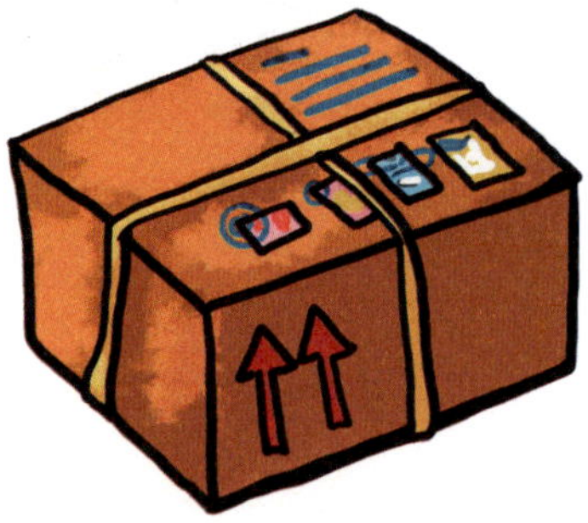

Georg Bydlinski

1. Hier sind zwei Gedichte durcheinandergeraten.
Unterstreiche mit zwei verschiedenen Farben, was zusammengehört.

Lied vom Monde ◈ *(Paula Dehmel)* **Abendlied** ◈ *(Matthias Claudius)*

Wind, Wind, sause,
Der Mond ist aufgegangen,
die gold'nen Sternlein prangen.
der Mond ist nicht zu Hause;
er ist wohl hinter den Berg gegangen,
am Himmel hell und klar.
Der Wald steht schwarz und schweiget,
will vielleicht eine Sternschnuppe fangen,
Wind, Wind, sause.
und aus den Wiesen steiget
der weiße Nebel wunderbar.
Seht ihr den Mond dort stehen,
Stern, Stern, scheine,
er ist nur halb zu sehen,
der Mond, der ist noch kleine;
und ist doch rund und schön.
er hat die Sichel in der Hand,
So sind wohl manche Sachen,
die wir getrost belachen,
weil uns're Augen sie nicht sehn.
er mäht das Gras am Himmelsrand,
Stern, Stern, scheine.

2. Lies nun beide Gedichte getrennt.

Einsterns Schwester 3

Arbeitsheft

Herausgegeben von: Roland Bauer, Jutta Maurach

Erarbeitet von: Katrin Baudendistel, Daniela Dreier-Kuzuhara, Wiebke Gerstenmaier, Sonja Grimm, Annette Schumpp, Jutta Sorg in Zusammenarbeit mit der Redaktion Grundschule Deutsch 2–4

Redaktion: Sabine Gerber, Milena Lemke, Kristina Meyer

Illustration: Yo Rühmer, Frankfurt am Main

Umschlag: Cornelia Gründer, agentur corngreen, Leipzig (Gestaltung); Yo Rühmer, Frankfurt am Main (Illustration)

Layout und technische Umsetzung: lernsatz.de

www.cornelsen.de

1. Auflage, 2. Druck 2024

Alle Drucke dieser Auflage sind inhaltlich unverändert und können im Unterricht nebeneinander verwendet werden.

Druck: ppm Fulda GmbH & Co. KG, Fulda

ISBN 978-3-46-480381-3 (Arbeitsheft)
ISBN 978-3-46-480385-1 (Lösungen zum Download)

PEFC-zertifiziert
Dieses Produkt stammt aus nachhaltig bewirtschafteten Wäldern, Recycling und kontrollierten Quellen
PEFC/04-31-1308
www.pefc.de